# Daily Planner

COPYRIGHT PAGE

DAILY PLANNER

A POLYESTER PRESS PUBLICATION

ALL RIGHTS RESERVED. NO PART OF THIS BOOK MAY BE USED OR REPRODUCED BY ANY MEANS, GRAPHIC, ELECTRONIC, OR MECHANICAL, INCLUDING PHOTOCOPYING, RECORDING, TAPING OR BY ANY INFORMATION STORAGE RETRIEVAL SYSTEM WITHOUT THE WRITTEN PERMISSION OF THE PUBLISHER EXCEPT IN THE CASE OF BRIEF QUOTATIONS EMBODIED IN CRITICAL ARTICLES AND REVIEWS.

COPYRIGHT © 2020 DIANE VALLERE

MADE IN THE USA.

# The Idea Behind This Planner:

THIS PLANNER IS DESIGNED TO HELP YOU KEEP ON TRACK FOR ONE QUARTER OF THE YEAR. IT INCLUDES 90 PAGES TO BOOST YOUR ORGANIZATION: TO DO, CAN WAIT UNTIL TOMORROW:, DAILY BLOCKS OF TIME, AND EXPENSES/MONEY SPENT. IT ALSO TRACKS YOUR WATER INTAKE, DAILY EXERCISE, AND SLEEP CYCLES TO MAKE SURE YOU STAY HEALTHY AND DON'T NEGLECT IMPORTANT SELF-CARE.

- TO DO TODAY: FOCUS ON THE MOST IMPORTANT TASKS FOR THE DAY, THOSE THAT WILL MAKE A DIFFERENCE. (#PRIORITIZING)
- CAN WAIT UNTIL TOMORROW: JOT DOWN ANY NEW PROJECTS THAT AREN'T URGENT FOR TODAY. CARRY THEM FORWARD. (#ORGANIZING)
- DAILY/BLOCKS OF TIME: TRACK HOW YOU SPEND YOUR DAYS AND BLOCK OFF ANY CHUNKS OF TIME WHEN YOU WILL BE UNAVAILABLE FOR ADMIN WORK AND SOCIAL MEDIA. THIS WILL KEEP YOU FOCUSED. (#MANAGING)
- EXPENSES/MONEY SPENT: WRITE DOWN ANY EXPENSES THAT OCCUR DURING YOUR DAY SO YOU CAN KEEP UNEXPECTED EXPENSES TO A MINIMUM. (#BUDGETING)
- USE THE BACK OF EACH PAGE FOR NOTES (#BRAINSTORMING)

PAY ATTENTION TO YOUR PRODUCTIVITY AND STAY ON TRACK! THIS IS THE DAILY PLANNER I USE AND IT'S DONE WONDERS FOR ME!

XO,

*Diane*

*day/date:* _____

*water:* 1  2  3  4  5  6  7  8

*to do today:*

1. _____
2. _____
3. _____
4. _____

*blocks of time:*

7:00 _____
8:00 _____
9:00 _____
10:00 _____
11:00 _____
12:00 _____
1:00 _____
2:00 _____
3:00 _____
4:00 _____
5:00 _____
6:00 _____
7:00 _____
8:00 _____
9:00 _____
10:00 _____
11:00 _____
12:00 _____

*exercise:* _____

*sleep:* _____

*can wait until tomorrow:*

_____

_____

_____

_____

*expenses/money spent:*

_____

_____

_____

_____

_____

_____

_____

*notes:*

Blank

day/date: _____

water:  1  2  3  4  5  6  7  8

exercise: _____

sleep: _____

to do today:

1. _____
2. _____
3. _____
4. _____

can wait until tomorrow:

_____
_____
_____
_____

blocks of time:

7:00 _____
8:00 _____
9:00 _____
10:00 _____
11:00 _____
12:00 _____
1:00 _____
2:00 _____
3:00 _____
4:00 _____
5:00 _____
6:00 _____
7:00 _____
8:00 _____
9:00 _____
10:00 _____
11:00 _____
12:00 _____

expenses/money spent:

_____
_____
_____
_____
_____
_____
_____

notes:

Blank

*day/date:* _____

*water:*   1   2   3   4   5   6   7   8

*exercise:* _____

*sleep:* _____

*to do today:*

1. _____

2. _____

3. _____

4. _____

*can wait until tomorrow:*

_____

_____

_____

_____

*blocks of time:*

7:00 _____
8:00 _____
9:00 _____
10:00 _____
11:00 _____
12:00 _____
1:00 _____
2:00 _____
3:00 _____
4:00 _____
5:00 _____
6:00 _____
7:00 _____
8:00 _____
9:00 _____
10:00 _____
11:00 _____
12:00 _____

*expenses/money spent:*

_____

_____

_____

_____

_____

_____

_____

*notes:*
_____

Blank

*day/date*: _____

*water*:   1   2   3   4   5   6   7   8

*exercise*: _____

*sleep*: _____

*to do today*:

1. _____
2. _____
3. _____
4. _____

*can wait until tomorrow*:

_____

_____

_____

_____

*blocks of time*:

7:00 _____
8:00 _____
9:00 _____
10:00 _____
11:00 _____
12:00 _____
1:00 _____
2:00 _____
3:00 _____
4:00 _____
5:00 _____
6:00 _____
7:00 _____
8:00 _____
9:00 _____
10:00 _____
11:00 _____
12:00 _____

*expenses/money spent*:

_____

_____

_____

_____

_____

_____

_____

*notes*:

*day/date*: _____  *exercise*: _____

*water*:  1  2  3  4  5  6  7  8    *sleep*: _____

*to do today*:                       *can wait until tomorrow*:

1._____         _____

2._____         _____

3._____         _____

4._____         _____

*blocks of time*:                    *expenses/money spent*:

7:00 _____         _____

8:00 _____         _____

9:00 _____         _____

10:00 _____         _____

11:00 _____         _____

12:00 _____         _____

1:00 _____         _____

2:00 _____         *notes*:

3:00 _____

4:00 _____

5:00 _____

6:00 _____

7:00 _____

8:00 _____

9:00 _____

10:00 _____

11:00 _____

12:00 _____

*Blank*

*day/date*: _____

*water:*  1  2  3  4  5  6  7  8

*exercise:* _____

*sleep:* _____

*to do today:*

1._____

2._____

3._____

4._____

*can wait until tomorrow:*

_____

_____

_____

_____

*blocks of time:*

7:00 _____
8:00 _____
9:00 _____
10:00 _____
11:00 _____
12:00 _____
1:00 _____
2:00 _____
3:00 _____
4:00 _____
5:00 _____
6:00 _____
7:00 _____
8:00 _____
9:00 _____
10:00 _____
11:00 _____
12:00 _____

*expenses/money spent:*

_____

_____

_____

_____

_____

_____

_____

*notes:*

Blank

*day/date*: _____

*water:*  1  2  3  4  5  6  7  8

*exercise:* _____
*sleep:* _____

*to do today:*

1. _____
2. _____
3. _____
4. _____

*can wait until tomorrow:*

_____
_____
_____
_____

*blocks of time:*

7:00 _____
8:00 _____
9:00 _____
10:00 _____
11:00 _____
12:00 _____
1:00 _____
2:00 _____
3:00 _____
4:00 _____
5:00 _____
6:00 _____
7:00 _____
8:00 _____
9:00 _____
10:00 _____
11:00 _____
12:00 _____

*expenses/money spent:*

_____
_____
_____
_____
_____
_____
_____

*notes:*

Blank

*day/date*: _____  *exercise*: _____

*water*:  1  2  3  4  5  6  7  8     *sleep*: _____

*to do today*:

1. _____

2. _____

3. _____

4. _____

*blocks of time*:

7:00 _____
8:00 _____
9:00 _____
10:00 _____
11:00 _____
12:00 _____
1:00 _____
2:00 _____
3:00 _____
4:00 _____
5:00 _____
6:00 _____
7:00 _____
8:00 _____
9:00 _____
10:00 _____
11:00 _____
12:00 _____

*can wait until tomorrow*:

_____

_____

_____

_____

*expenses/money spent*:

_____

_____

_____

_____

_____

_____

_____

*notes*:

Blank

*day/date:* _____   *exercise:* _____

*water:*  1  2  3  4  5  6  7  8       *sleep:* _____

*to do today:*                          *can wait until tomorrow:*

1. _____        _____

2. _____        _____

3. _____        _____

4. _____        _____

*blocks of time:*                       *expenses/money spent:*

7:00 _____        _____

8:00 _____        _____

9:00 _____        _____

10:00 _____        _____

11:00 _____        _____

12:00 _____        _____

1:00 _____        _____

2:00 _____        *notes:*

3:00 _____

4:00 _____

5:00 _____

6:00 _____

7:00 _____

8:00 _____

9:00 _____

10:00 _____

11:00 _____

12:00 _____

*day/date*: _____

*water*:   1   2   3   4   5   6   7   8

*exercise*: _____

*sleep*: _____

*to do today*:

1. _____
2. _____
3. _____
4. _____

*can wait until tomorrow*:

_____
_____
_____
_____

*blocks of time*:

7:00 _____
8:00 _____
9:00 _____
10:00 _____
11:00 _____
12:00 _____
1:00 _____
2:00 _____
3:00 _____
4:00 _____
5:00 _____
6:00 _____
7:00 _____
8:00 _____
9:00 _____
10:00 _____
11:00 _____
12:00 _____

*expenses/money spent*:

_____
_____
_____
_____
_____
_____
_____

*notes*:

Blank

*day/date*: _____

*water*:   1   2   3   4   5   6   7   8

*exercise*: _____
*sleep*: _____

*to do today*:

1. _____
2. _____
3. _____
4. _____

*can wait until tomorrow*:

_____
_____
_____
_____

*blocks of time*:

7:00 _____
8:00 _____
9:00 _____
10:00 _____
11:00 _____
12:00 _____
1:00 _____
2:00 _____
3:00 _____
4:00 _____
5:00 _____
6:00 _____
7:00 _____
8:00 _____
9:00 _____
10:00 _____
11:00 _____
12:00 _____

*expenses/money spent*:

_____
_____
_____
_____
_____
_____
_____
_____

*notes*:

Blank

*day/date*: _____

*water*:    1   2   3   4   5   6   7   8

*exercise*: _____

*sleep*: _____

*to do today*:

1._____

2._____

3._____

4._____

*can wait until tomorrow*:

_____

_____

_____

_____

*blocks of time*:

7:00 _____
8:00 _____
9:00 _____
10:00 _____
11:00 _____
12:00 _____
1:00 _____
2:00 _____
3:00 _____
4:00 _____
5:00 _____
6:00 _____
7:00 _____
8:00 _____
9:00 _____
10:00 _____
11:00 _____
12:00 _____

*expenses/money spent*:

_____

_____

_____

_____

_____

_____

_____

*notes*:

Blank

day/date: _____

water:   1   2   3   4   5   6   7   8

exercise: _____

sleep: _____

to do today:

1. _____
2. _____
3. _____
4. _____

can wait until tomorrow:

_____
_____
_____
_____

blocks of time:

7:00 _____
8:00 _____
9:00 _____
10:00 _____
11:00 _____
12:00 _____
1:00 _____
2:00 _____
3:00 _____
4:00 _____
5:00 _____
6:00 _____
7:00 _____
8:00 _____
9:00 _____
10:00 _____
11:00 _____
12:00 _____

expenses/money spent:

_____
_____
_____
_____
_____
_____
_____

notes:

Blank

*day/date*: _____

*water:*  1  2  3  4  5  6  7  8

*exercise:* _____

*sleep:* _____

*to do today:*

1. _____
2. _____
3. _____
4. _____

*can wait until tomorrow:*

_____

_____

_____

_____

*blocks of time:*

7:00 _____
8:00 _____
9:00 _____
10:00 _____
11:00 _____
12:00 _____
1:00 _____
2:00 _____
3:00 _____
4:00 _____
5:00 _____
6:00 _____
7:00 _____
8:00 _____
9:00 _____
10:00 _____
11:00 _____
12:00 _____

*expenses/money spent:*

_____

_____

_____

_____

_____

_____

_____

*notes:*

Blank

day/date: _____

water:   1   2   3   4   5   6   7   8

exercise: _____

sleep: _____

to do today:

1._____

2._____

3._____

4._____

can wait until tomorrow:

_____

_____

_____

_____

blocks of time:

7:00 _____
8:00 _____
9:00 _____
10:00 _____
11:00 _____
12:00 _____
1:00 _____
2:00 _____
3:00 _____
4:00 _____
5:00 _____
6:00 _____
7:00 _____
8:00 _____
9:00 _____
10:00 _____
11:00 _____
12:00 _____

expenses/money spent:

_____
_____
_____
_____
_____
_____
_____

notes:

Blank

*day/date*: _____

*water:* 1  2  3  4  5  6  7  8

*exercise:* _____

*sleep:* _____

*to do today:*

1. _____

2. _____

3. _____

4. _____

*can wait until tomorrow:*

_____

_____

_____

_____

*blocks of time:*

7:00 _____
8:00 _____
9:00 _____
10:00 _____
11:00 _____
12:00 _____
1:00 _____
2:00 _____
3:00 _____
4:00 _____
5:00 _____
6:00 _____
7:00 _____
8:00 _____
9:00 _____
10:00 _____
11:00 _____
12:00 _____

*expenses/money spent:*

_____

_____

_____

_____

_____

_____

_____

*notes:*

Blank

*day/date*: _____  *exercise*: _____
*water*:   1   2   3   4   5   6   7   8   *sleep*: _____

*to do today*:

*can wait until tomorrow*:

1._____

_____

2._____

_____

3._____

_____

4._____

_____

*blocks of time*:

*expenses/money spent*:

7:00 _____
8:00 _____
9:00 _____
10:00 _____
11:00 _____
12:00 _____
1:00 _____
2:00 _____
3:00 _____
4:00 _____
5:00 _____
6:00 _____
7:00 _____
8:00 _____
9:00 _____
10:00 _____
11:00 _____
12:00 _____

_____
_____
_____
_____
_____
_____
_____

*notes*:

Blank

*day/date*: _____

*water:*  1   2   3   4   5   6   7   8

*exercise:* _____

*sleep:* _____

*to do today:*

1. _____

2. _____

3. _____

4. _____

*can wait until tomorrow:*

_____

_____

_____

_____

*blocks of time:*

7:00 _____
8:00 _____
9:00 _____
10:00 _____
11:00 _____
12:00 _____
1:00 _____
2:00 _____
3:00 _____
4:00 _____
5:00 _____
6:00 _____
7:00 _____
8:00 _____
9:00 _____
10:00 _____
11:00 _____
12:00 _____

*expenses/money spent:*

_____

_____

_____

_____

_____

_____

_____

*notes:*

Blank

*day/date*: _____

*water:*   1   2   3   4   5   6   7   8

*exercise:* _____

*sleep:* _____

*to do today:*

1. _____
2. _____
3. _____
4. _____

*can wait until tomorrow:*

_____

_____

_____

_____

*blocks of time:*

7:00 _____
8:00 _____
9:00 _____
10:00 _____
11:00 _____
12:00 _____
1:00 _____
2:00 _____
3:00 _____
4:00 _____
5:00 _____
6:00 _____
7:00 _____
8:00 _____
9:00 _____
10:00 _____
11:00 _____
12:00 _____

*expenses/money spent:*

_____

_____

_____

_____

_____

_____

_____

*notes:*
_____

Blank

*day/date*: _____

*water*:  1   2   3   4   5   6   7   8

*exercise*: _____

*sleep*: _____

*to do today*:

1. _____
2. _____
3. _____
4. _____

*can wait until tomorrow*:

_____

_____

_____

_____

*blocks of time*:

7:00 _____
8:00 _____
9:00 _____
10:00 _____
11:00 _____
12:00 _____
1:00 _____
2:00 _____
3:00 _____
4:00 _____
5:00 _____
6:00 _____
7:00 _____
8:00 _____
9:00 _____
10:00 _____
11:00 _____
12:00 _____

*expenses/money spent*:

_____

_____

_____

_____

_____

_____

_____

*notes*:

Blank

day/date: _____

water:   1   2   3   4   5   6   7   8

exercise: _____

sleep: _____

## to do today:

1. _____
2. _____
3. _____
4. _____

## can wait until tomorrow:

_____

_____

_____

_____

## blocks of time:

7:00 _____
8:00 _____
9:00 _____
10:00 _____
11:00 _____
12:00 _____
1:00 _____
2:00 _____
3:00 _____
4:00 _____
5:00 _____
6:00 _____
7:00 _____
8:00 _____
9:00 _____
10:00 _____
11:00 _____
12:00 _____

## expenses/money spent:

_____

_____

_____

_____

_____

_____

_____

## notes:

*Blank*

*day/date*: _____   *exercise*: _____

*water*:   1   2   3   4   5   6   7   8     *sleep*: _____

*to do today*:

1. _____

2. _____

3. _____

4. _____

*can wait until tomorrow*:

_____

_____

_____

_____

*blocks of time*:

7:00 _____
8:00 _____
9:00 _____
10:00 _____
11:00 _____
12:00 _____
1:00 _____
2:00 _____
3:00 _____
4:00 _____
5:00 _____
6:00 _____
7:00 _____
8:00 _____
9:00 _____
10:00 _____
11:00 _____
12:00 _____

*expenses/money spent*:

_____

_____

_____

_____

_____

_____

_____

*notes*:

Blank

*day/date*: _____   *exercise*: _____

*water*:   1   2   3   4   5   6   7   8   *sleep*: _____

*to do today*:

1._____

2._____

3._____

4._____

*blocks of time*:

7:00 _____
8:00 _____
9:00 _____
10:00 _____
11:00 _____
12:00 _____
1:00 _____
2:00 _____
3:00 _____
4:00 _____
5:00 _____
6:00 _____
7:00 _____
8:00 _____
9:00 _____
10:00 _____
11:00 _____
12:00 _____

*can wait until tomorrow*:

_____

_____

_____

_____

*expenses/money spent*:

_____

_____

_____

_____

_____

_____

_____

*notes*:

Blank

*day/date*: _____   *exercise*: _____

*water*:   1   2   3   4   5   6   7   8   *sleep*: _____

*to do today*:

1. _____

2. _____

3. _____

4. _____

*blocks of time*:

7:00 _____
8:00 _____
9:00 _____
10:00 _____
11:00 _____
12:00 _____
1:00 _____
2:00 _____
3:00 _____
4:00 _____
5:00 _____
6:00 _____
7:00 _____
8:00 _____
9:00 _____
10:00 _____
11:00 _____
12:00 _____

*can wait until tomorrow*:

_____

_____

_____

_____

*expenses/money spent*:

_____

_____

_____

_____

_____

_____

_____

*notes*:

Blank

*day/date*: _____

*water*:   1   2   3   4   5   6   7   8

*exercise*: _____

*sleep*: _____

*to do today*:

1. _____
2. _____
3. _____
4. _____

*can wait until tomorrow*:

_____
_____
_____
_____

*blocks of time*:

7:00 _____
8:00 _____
9:00 _____
10:00 _____
11:00 _____
12:00 _____
1:00 _____
2:00 _____
3:00 _____
4:00 _____
5:00 _____
6:00 _____
7:00 _____
8:00 _____
9:00 _____
10:00 _____
11:00 _____
12:00 _____

*expenses/money spent*:

_____
_____
_____
_____
_____
_____
_____

*notes*:
_____

Blank

*day/date*: _____

*water:* 1 2 3 4 5 6 7 8

*exercise:* _____

*sleep:* _____

*to do today:*

1. _____
2. _____
3. _____
4. _____

*can wait until tomorrow:*

_____
_____
_____
_____

*blocks of time:*

7:00 _____
8:00 _____
9:00 _____
10:00 _____
11:00 _____
12:00 _____
1:00 _____
2:00 _____
3:00 _____
4:00 _____
5:00 _____
6:00 _____
7:00 _____
8:00 _____
9:00 _____
10:00 _____
11:00 _____
12:00 _____

*expenses/money spent:*

_____
_____
_____
_____
_____
_____
_____

*notes:*

*Blank*

*day/date*: _____  *exercise*: _____
*water*:   1   2   3   4   5   6   7   8    *sleep*: _____

*to do today*:

1._____

2._____

3._____

4._____

*blocks of time*:

7:00 _____
8:00 _____
9:00 _____
10:00 _____
11:00 _____
12:00 _____
1:00 _____
2:00 _____
3:00 _____
4:00 _____
5:00 _____
6:00 _____
7:00 _____
8:00 _____
9:00 _____
10:00 _____
11:00 _____
12:00 _____

*can wait until tomorrow*:

_____

_____

_____

_____

*expenses/money spent*:

_____
_____
_____
_____
_____
_____
_____

*notes*:
_____

Blank

*day/date*: _____

*water:* 1  2  3  4  5  6  7  8

*exercise:* _____

*sleep:* _____

*to do today:*

1. _____
2. _____
3. _____
4. _____

*can wait until tomorrow:*

_____

_____

_____

_____

*blocks of time:*

7:00 _____
8:00 _____
9:00 _____
10:00 _____
11:00 _____
12:00 _____
1:00 _____
2:00 _____
3:00 _____
4:00 _____
5:00 _____
6:00 _____
7:00 _____
8:00 _____
9:00 _____
10:00 _____
11:00 _____
12:00 _____

*expenses/money spent:*

_____

_____

_____

_____

_____

_____

_____

*notes:*

Blank

*day/date*: _____

*water*: 1  2  3  4  5  6  7  8

*exercise*: _____
*sleep*: _____

*to do today*:

1. _____
2. _____
3. _____
4. _____

*can wait until tomorrow*:

_____
_____
_____
_____

*blocks of time*:

7:00 _____
8:00 _____
9:00 _____
10:00 _____
11:00 _____
12:00 _____
1:00 _____
2:00 _____
3:00 _____
4:00 _____
5:00 _____
6:00 _____
7:00 _____
8:00 _____
9:00 _____
10:00 _____
11:00 _____
12:00 _____

*expenses/money spent*:

_____
_____
_____
_____
_____
_____
_____

*notes*:

Blank

*day/date*: _____    *exercise*: _____

*water*:   1   2   3   4   5   6   7   8    *sleep*: _____

*to do today*:    *can wait until tomorrow*:

1. _____    _____

2. _____    _____

3. _____    _____

4. _____    _____

*blocks of time*:    *expenses/money spent*:

7:00 _____    _____
8:00 _____    _____
9:00 _____    _____
10:00 _____    _____
11:00 _____    _____
12:00 _____    _____
1:00 _____    _____
2:00 _____    *notes*:
3:00 _____
4:00 _____
5:00 _____
6:00 _____
7:00 _____
8:00 _____
9:00 _____
10:00 _____
11:00 _____
12:00 _____

Blank

day/date: _____

water:   1   2   3   4   5   6   7   8

exercise: _____

sleep: _____

## to do today:

1. _____
2. _____
3. _____
4. _____

## can wait until tomorrow:

_____

_____

_____

_____

## blocks of time:

7:00 _____
8:00 _____
9:00 _____
10:00 _____
11:00 _____
12:00 _____
1:00 _____
2:00 _____
3:00 _____
4:00 _____
5:00 _____
6:00 _____
7:00 _____
8:00 _____
9:00 _____
10:00 _____
11:00 _____
12:00 _____

## expenses/money spent:

_____

_____

_____

_____

_____

_____

_____

## notes:

*day/date*: _____     *exercise*: _____
*water*:   1   2   3   4   5   6   7   8     *sleep*: _____

*to do today*:

1. _____
2. _____
3. _____
4. _____

*blocks of time*:

7:00 _____
8:00 _____
9:00 _____
10:00 _____
11:00 _____
12:00 _____
1:00 _____
2:00 _____
3:00 _____
4:00 _____
5:00 _____
6:00 _____
7:00 _____
8:00 _____
9:00 _____
10:00 _____
11:00 _____
12:00 _____

*can wait until tomorrow*:

_____
_____
_____
_____

*expenses/money spent*:

_____
_____
_____
_____
_____
_____
_____

*notes*:

Blank

day/date: _____

water:  1  2  3  4  5  6  7  8

exercise: _____

sleep: _____

to do today:

1._____

2._____

3._____

4._____

can wait until tomorrow:

_____

_____

_____

_____

blocks of time:

7:00 _____
8:00 _____
9:00 _____
10:00 _____
11:00 _____
12:00 _____
1:00 _____
2:00 _____
3:00 _____
4:00 _____
5:00 _____
6:00 _____
7:00 _____
8:00 _____
9:00 _____
10:00 _____
11:00 _____
12:00 _____

expenses/money spent:

_____

_____

_____

_____

_____

_____

_____

notes:

Blank

*day/date*: _____

*water:*    1   2   3   4   5   6   7   8

*exercise:* _____

*sleep:* _____

*to do today:*

1. _____
2. _____
3. _____
4. _____

*can wait until tomorrow:*

_____

_____

_____

_____

*blocks of time:*

7:00 _____
8:00 _____
9:00 _____
10:00 _____
11:00 _____
12:00 _____
1:00 _____
2:00 _____
3:00 _____
4:00 _____
5:00 _____
6:00 _____
7:00 _____
8:00 _____
9:00 _____
10:00 _____
11:00 _____
12:00 _____

*expenses/money spent:*

_____

_____

_____

_____

_____

_____

_____

*notes:*

Blank

*day/date*: _____

*water*:   1   2   3   4   5   6   7   8

*to do today*:

1. _____
2. _____
3. _____
4. _____

*blocks of time*:

7:00 _____
8:00 _____
9:00 _____
10:00 _____
11:00 _____
12:00 _____
1:00 _____
2:00 _____
3:00 _____
4:00 _____
5:00 _____
6:00 _____
7:00 _____
8:00 _____
9:00 _____
10:00 _____
11:00 _____
12:00 _____

*exercise*: _____

*sleep*: _____

*can wait until tomorrow*:

_____

_____

_____

_____

*expenses/money spent*:

_____
_____
_____
_____
_____
_____
_____

*notes*:
_____

Blank

*day/date*: _____

*water:*  1   2   3   4   5   6   7   8

*to do today:*

1. _____
2. _____
3. _____
4. _____

*blocks of time:*

7:00 _____
8:00 _____
9:00 _____
10:00 _____
11:00 _____
12:00 _____
1:00 _____
2:00 _____
3:00 _____
4:00 _____
5:00 _____
6:00 _____
7:00 _____
8:00 _____
9:00 _____
10:00 _____
11:00 _____
12:00 _____

*exercise:* _____
*sleep:* _____

*can wait until tomorrow:*

_____

_____

_____

_____

*expenses/money spent:*

_____
_____
_____
_____
_____
_____
_____

*notes:*

Blank

day/date: _____

water:   1   2   3   4   5   6   7   8

exercise: _____

sleep: _____

to do today:

1. _____

2. _____

3. _____

4. _____

can wait until tomorrow:

_____

_____

_____

_____

blocks of time:

7:00 _____
8:00 _____
9:00 _____
10:00 _____
11:00 _____
12:00 _____
1:00 _____
2:00 _____
3:00 _____
4:00 _____
5:00 _____
6:00 _____
7:00 _____
8:00 _____
9:00 _____
10:00 _____
11:00 _____
12:00 _____

expenses/money spent:

_____

_____

_____

_____

_____

_____

_____

notes:
_____

Blank

*day/date*: _____

*water:*  1   2   3   4   5   6   7   8

*exercise:* _____

*sleep:* _____

*to do today:*

1. _____
2. _____
3. _____
4. _____

*can wait until tomorrow:*

_____

_____

_____

_____

*blocks of time:*

7:00 _____
8:00 _____
9:00 _____
10:00 _____
11:00 _____
12:00 _____
1:00 _____
2:00 _____
3:00 _____
4:00 _____
5:00 _____
6:00 _____
7:00 _____
8:00 _____
9:00 _____
10:00 _____
11:00 _____
12:00 _____

*expenses/money spent:*

_____

_____

_____

_____

_____

_____

_____

*notes:*

Blank

*day/date*: _____

*water:*  1  2  3  4  5  6  7  8

*exercise:* _____

*sleep:* _____

*to do today:*

1. _____

2. _____

3. _____

4. _____

*can wait until tomorrow:*

_____

_____

_____

_____

*blocks of time:*

7:00 _____
8:00 _____
9:00 _____
10:00 _____
11:00 _____
12:00 _____
1:00 _____
2:00 _____
3:00 _____
4:00 _____
5:00 _____
6:00 _____
7:00 _____
8:00 _____
9:00 _____
10:00 _____
11:00 _____
12:00 _____

*expenses/money spent:*

_____

_____

_____

_____

_____

_____

_____

*notes:*

Blank

day/date: _____

water:  1  2  3  4  5  6  7  8

exercise: _____

sleep: _____

to do today:

1. _____
2. _____
3. _____
4. _____

can wait until tomorrow:

_____
_____
_____
_____

blocks of time:

7:00 _____
8:00 _____
9:00 _____
10:00 _____
11:00 _____
12:00 _____
1:00 _____
2:00 _____
3:00 _____
4:00 _____
5:00 _____
6:00 _____
7:00 _____
8:00 _____
9:00 _____
10:00 _____
11:00 _____
12:00 _____

expenses/money spent:

_____
_____
_____
_____
_____
_____
_____

notes:

*Blank*

*day/date*: _____  *exercise*: _____
*water*:  1  2  3  4  5  6  7  8     *sleep*: _____

*to do today*:                        *can wait until tomorrow*:

1. _____    _____

2. _____    _____

3. _____    _____

4. _____    _____

*blocks of time*:                     *expenses/money spent*:

7:00 _____   _____
8:00 _____   _____
9:00 _____   _____
10:00 _____   _____
11:00 _____   _____
12:00 _____   _____
1:00 _____   _____
2:00 _____   *notes*:
3:00 _____   _____
4:00 _____
5:00 _____
6:00 _____
7:00 _____
8:00 _____
9:00 _____
10:00 _____
11:00 _____
12:00 _____

*day/date*: _____

*water:*   1   2   3   4   5   6   7   8

*exercise:* _____

*sleep:* _____

*to do today:*

1. _____
2. _____
3. _____
4. _____

*can wait until tomorrow:*

_____

_____

_____

_____

*blocks of time:*

7:00 _____
8:00 _____
9:00 _____
10:00 _____
11:00 _____
12:00 _____
1:00 _____
2:00 _____
3:00 _____
4:00 _____
5:00 _____
6:00 _____
7:00 _____
8:00 _____
9:00 _____
10:00 _____
11:00 _____
12:00 _____

*expenses/money spent:*

_____

_____

_____

_____

_____

_____

_____

*notes:*

Blank

*day/date*: _____

*water:* 1  2  3  4  5  6  7  8

*exercise:* _____

*sleep:* _____

*to do today:*

1. _____
2. _____
3. _____
4. _____

*can wait until tomorrow:*

_____
_____
_____
_____

*blocks of time:*

7:00 _____
8:00 _____
9:00 _____
10:00 _____
11:00 _____
12:00 _____
1:00 _____
2:00 _____
3:00 _____
4:00 _____
5:00 _____
6:00 _____
7:00 _____
8:00 _____
9:00 _____
10:00 _____
11:00 _____
12:00 _____

*expenses/money spent:*

_____
_____
_____
_____
_____
_____
_____

*notes:*

Blank

day/date: _____

water:   1   2   3   4   5   6   7   8

exercise: _____

sleep: _____

to do today:

1. _____
2. _____
3. _____
4. _____

can wait until tomorrow:

_____
_____
_____
_____

blocks of time:

7:00 _____
8:00 _____
9:00 _____
10:00 _____
11:00 _____
12:00 _____
1:00 _____
2:00 _____
3:00 _____
4:00 _____
5:00 _____
6:00 _____
7:00 _____
8:00 _____
9:00 _____
10:00 _____
11:00 _____
12:00 _____

expenses/money spent:

_____
_____
_____
_____
_____
_____
_____

notes:

Blank

*day/date*: _____   *exercise*: _____
*water*:   1   2   3   4   5   6   7   8     *sleep*: _____

*to do today*:

*can wait until tomorrow*:

1._____

_____

2._____

_____

3._____

_____

4._____

_____

*blocks of time*:

*expenses/money spent*:

7:00 _____

_____

8:00 _____

_____

9:00 _____

_____

10:00 _____

_____

11:00 _____

_____

12:00 _____

_____

1:00 _____

_____

2:00 _____

*notes*:

3:00 _____

4:00 _____

5:00 _____

6:00 _____

7:00 _____

8:00 _____

9:00 _____

10:00 _____

11:00 _____

12:00 _____

*day/date*: _____   *exercise*: _____
*water*:   1   2   3   4   5   6   7   8    *sleep*: _____

*to do today*:

*can wait until tomorrow*:

1. _____

_____

2. _____

_____

3. _____

_____

4. _____

_____

*blocks of time*:

*expenses/money spent*:

7:00 _____

_____

8:00 _____

_____

9:00 _____

_____

10:00 _____

_____

11:00 _____

_____

12:00 _____

_____

1:00 _____

_____

2:00 _____

*notes*:

3:00 _____

4:00 _____

5:00 _____

6:00 _____

7:00 _____

8:00 _____

9:00 _____

10:00 _____

11:00 _____

12:00 _____

Blank

*day/date*: _____

*water*:  1  2  3  4  5  6  7  8

*to do today*:

1. _____
2. _____
3. _____
4. _____

*blocks of time*:

7:00 _____
8:00 _____
9:00 _____
10:00 _____
11:00 _____
12:00 _____
1:00 _____
2:00 _____
3:00 _____
4:00 _____
5:00 _____
6:00 _____
7:00 _____
8:00 _____
9:00 _____
10:00 _____
11:00 _____
12:00 _____

*exercise*: _____
*sleep*: _____

*can wait until tomorrow*:

_____
_____
_____
_____

*expenses/money spent*:

_____
_____
_____
_____
_____
_____
_____

*notes*:
_____

*day/date*: _____

*water:*   1   2   3   4   5   6   7   8

*exercise:* _____

*sleep:* _____

*to do today:*

1._____

2._____

3._____

4._____

*can wait until tomorrow:*

_____

_____

_____

_____

*blocks of time:*

7:00 _____
8:00 _____
9:00 _____
10:00 _____
11:00 _____
12:00 _____
1:00 _____
2:00 _____
3:00 _____
4:00 _____
5:00 _____
6:00 _____
7:00 _____
8:00 _____
9:00 _____
10:00 _____
11:00 _____
12:00 _____

*expenses/money spent:*

_____

_____

_____

_____

_____

_____

_____

*notes:*

Blank

*day/date*: _____

*water*:  1   2   3   4   5   6   7   8

*exercise*: _____

*sleep*: _____

*to do today*:

1._____

2._____

3._____

4._____

*can wait until tomorrow*:

_____

_____

_____

_____

*blocks of time*:

7:00 _____
8:00 _____
9:00 _____
10:00 _____
11:00 _____
12:00 _____
1:00 _____
2:00 _____
3:00 _____
4:00 _____
5:00 _____
6:00 _____
7:00 _____
8:00 _____
9:00 _____
10:00 _____
11:00 _____
12:00 _____

*expenses/money spent*:

_____
_____
_____
_____
_____
_____
_____

*notes*:

*day/date*: _____

*water*:  1  2  3  4  5  6  7  8

*exercise*: _____

*sleep*: _____

*to do today*:

1. _____
2. _____
3. _____
4. _____

*can wait until tomorrow*:

_____

_____

_____

_____

*blocks of time*:

7:00 _____
8:00 _____
9:00 _____
10:00 _____
11:00 _____
12:00 _____
1:00 _____
2:00 _____
3:00 _____
4:00 _____
5:00 _____
6:00 _____
7:00 _____
8:00 _____
9:00 _____
10:00 _____
11:00 _____
12:00 _____

*expenses/money spent*:

_____

_____

_____

_____

_____

_____

_____

*notes*:

Blank

*day/date:* _____  *exercise:* _____

*water:*  1  2  3  4  5  6  7  8   *sleep:* _____

*to do today:*

1._____

2._____

3._____

4._____

*can wait until tomorrow:*

_____

_____

_____

_____

*blocks of time:*

7:00 _____
8:00 _____
9:00 _____
10:00_____
11:00 _____
12:00_____
1:00 _____
2:00 _____
3:00 _____
4:00 _____
5:00 _____
6:00 _____
7:00 _____
8:00 _____
9:00 _____
10:00_____
11:00 _____
12:00_____

*expenses/money spent:*

_____
_____
_____
_____
_____
_____
_____

*notes:*

Blank

*day/date*: _____  *exercise*: _____
*water*:   1   2   3   4   5   6   7   8   *sleep*: _____

*to do today*:                              *can wait until tomorrow*:

1. _____          _____

2. _____          _____

3. _____          _____

4. _____          _____

*blocks of time*:                           *expenses/money spent*:

7:00 _____     _____
8:00 _____     _____
9:00 _____     _____
10:00 _____     _____
11:00 _____     _____
12:00 _____     _____
1:00 _____     _____
2:00 _____     *notes*:
3:00 _____     _____
4:00 _____
5:00 _____
6:00 _____
7:00 _____
8:00 _____
9:00 _____
10:00 _____
11:00 _____
12:00 _____

Blank

*day/date:* _____

*water:*   1   2   3   4   5   6   7   8

*exercise:* _____

*sleep:* _____

*to do today:*

1. _____
2. _____
3. _____
4. _____

*can wait until tomorrow:*

_____

_____

_____

_____

*blocks of time:*

7:00 _____
8:00 _____
9:00 _____
10:00 _____
11:00 _____
12:00 _____
1:00 _____
2:00 _____
3:00 _____
4:00 _____
5:00 _____
6:00 _____
7:00 _____
8:00 _____
9:00 _____
10:00 _____
11:00 _____
12:00 _____

*expenses/money spent:*

_____

_____

_____

_____

_____

_____

_____

*notes:*

Blank

*day/date*: _____

*water*:   1   2   3   4   5   6   7   8

*exercise*: _____

*sleep*: _____

*to do today*:

1. _____
2. _____
3. _____
4. _____

*can wait until tomorrow*:

_____

_____

_____

_____

*blocks of time*:

7:00 _____
8:00 _____
9:00 _____
10:00 _____
11:00 _____
12:00 _____
1:00 _____
2:00 _____
3:00 _____
4:00 _____
5:00 _____
6:00 _____
7:00 _____
8:00 _____
9:00 _____
10:00 _____
11:00 _____
12:00 _____

*expenses/money spent*:

_____

_____

_____

_____

_____

_____

_____

*notes*:

Blank

*day/date*: _____    *exercise:* _____

*water:*   1   2   3   4   5   6   7   8    *sleep:* _____

*to do today:*                               *can wait until tomorrow:*

1._____           _____

2._____           _____

3._____           _____

4._____           _____

*blocks of time:*                            *expenses/money spent:*

7:00 _____           _____

8:00 _____           _____

9:00 _____           _____

10:00 _____           _____

11:00 _____           _____

12:00 _____           _____

1:00 _____           _____

2:00 _____           *notes:*

3:00 _____

4:00 _____

5:00 _____

6:00 _____

7:00 _____

8:00 _____

9:00 _____

10:00 _____

11:00 _____

12:00 _____

Blank

*day/date*: _____

*water:*  1  2  3  4  5  6  7  8

*exercise:* _____

*sleep:* _____

*to do today:*

1._____

2._____

3._____

4._____

*can wait until tomorrow:*

_____

_____

_____

_____

*blocks of time:*

7:00 _____
8:00 _____
9:00 _____
10:00 _____
11:00 _____
12:00 _____
1:00 _____
2:00 _____
3:00 _____
4:00 _____
5:00 _____
6:00 _____
7:00 _____
8:00 _____
9:00 _____
10:00 _____
11:00 _____
12:00 _____

*expenses/money spent:*

_____

_____

_____

_____

_____

_____

_____

*notes:*

Blank

*day/date*: _____

*water:*  1  2  3  4  5  6  7  8

*exercise:* _____

*sleep:* _____

*to do today:*

1. _____
2. _____
3. _____
4. _____

*can wait until tomorrow:*

_____
_____
_____
_____

*blocks of time:*

7:00 _____
8:00 _____
9:00 _____
10:00 _____
11:00 _____
12:00 _____
1:00 _____
2:00 _____
3:00 _____
4:00 _____
5:00 _____
6:00 _____
7:00 _____
8:00 _____
9:00 _____
10:00 _____
11:00 _____
12:00 _____

*expenses/money spent:*

_____
_____
_____
_____
_____
_____
_____

*notes:*

Blank

*day/date*: _____       *exercise*: _____
*water*:   1   2   3   4   5   6   7   8       *sleep*: _____

*to do today*:                                                              *can wait until tomorrow*:

1._____          _____

2._____          _____

3._____          _____

4._____          _____

*blocks of time*:                                                              *expenses/money spent*:

7:00 _____       _____

8:00 _____       _____

9:00 _____       _____

10:00 _____       _____

11:00 _____       _____

12:00 _____       _____

1:00 _____       _____

2:00 _____       *notes*:

3:00 _____

4:00 _____

5:00 _____

6:00 _____

7:00 _____

8:00 _____

9:00 _____

10:00 _____

11:00 _____

12:00 _____

Blank

*day/date*: _____

*water:*  1  2  3  4  5  6  7  8

*exercise:* _____

*sleep:* _____

*to do today:*

1. _____

2. _____

3. _____

4. _____

*can wait until tomorrow:*

_____

_____

_____

_____

*blocks of time:*

7:00 _____

8:00 _____

9:00 _____

10:00 _____

11:00 _____

12:00 _____

1:00 _____

2:00 _____

3:00 _____

4:00 _____

5:00 _____

6:00 _____

7:00 _____

8:00 _____

9:00 _____

10:00 _____

11:00 _____

12:00 _____

*expenses/money spent:*

_____

_____

_____

_____

_____

_____

_____

*notes:*

Blank

*day/date*: _____

*water:*  1  2  3  4  5  6  7  8

*exercise:* _____

*sleep:* _____

*to do today:*

1._____

2._____

3._____

4._____

*can wait until tomorrow:*

_____

_____

_____

_____

*blocks of time:*

7:00 _____
8:00 _____
9:00 _____
10:00 _____
11:00 _____
12:00 _____
1:00 _____
2:00 _____
3:00 _____
4:00 _____
5:00 _____
6:00 _____
7:00 _____
8:00 _____
9:00 _____
10:00 _____
11:00 _____
12:00 _____

*expenses/money spent:*

_____

_____

_____

_____

_____

_____

_____

*notes:*
_____

Blank

*day/date*: _____

*water:*  1   2   3   4   5   6   7   8

*exercise:* _____

*sleep:* _____

*to do today:*

1. _____
2. _____
3. _____
4. _____

*can wait until tomorrow:*

_____

_____

_____

_____

*blocks of time:*

7:00 _____
8:00 _____
9:00 _____
10:00 _____
11:00 _____
12:00 _____
1:00 _____
2:00 _____
3:00 _____
4:00 _____
5:00 _____
6:00 _____
7:00 _____
8:00 _____
9:00 _____
10:00 _____
11:00 _____
12:00 _____

*expenses/money spent:*

_____

_____

_____

_____

_____

_____

_____

*notes:*

Blank

*day/date*: _____  *exercise*: _____
*water*:   1   2   3   4   5   6   7   8    *sleep*: _____

*to do today*:

1._____
2._____
3._____
4._____

*blocks of time*:

7:00 _____
8:00 _____
9:00 _____
10:00 _____
11:00 _____
12:00 _____
1:00 _____
2:00 _____
3:00 _____
4:00 _____
5:00 _____
6:00 _____
7:00 _____
8:00 _____
9:00 _____
10:00 _____
11:00 _____
12:00 _____

*can wait until tomorrow*:

_____
_____
_____
_____

*expenses/money spent*:

_____
_____
_____
_____
_____
_____
_____

*notes*:
_____

Blank

*day/date*: _____

*water*: 1  2  3  4  5  6  7  8

*exercise*: _____

*sleep*: _____

*to do today*:

1. _____
2. _____
3. _____
4. _____

*can wait until tomorrow*:

_____
_____
_____
_____

*blocks of time*:

7:00 _____
8:00 _____
9:00 _____
10:00 _____
11:00 _____
12:00 _____
1:00 _____
2:00 _____
3:00 _____
4:00 _____
5:00 _____
6:00 _____
7:00 _____
8:00 _____
9:00 _____
10:00 _____
11:00 _____
12:00 _____

*expenses/money spent*:

_____
_____
_____
_____
_____
_____
_____

*notes*:

Blank

*day/date*: _____  *exercise*: _____
*water*:   1   2   3   4   5   6   7   8  *sleep*: _____

*to do today*:  *can wait until tomorrow*:

1._____  _____

2._____  _____

3._____  _____

4._____  _____

*blocks of time*:  *expenses/money spent*:

7:00 _____  _____

8:00 _____  _____

9:00 _____  _____

10:00_____  _____

11:00 _____  _____

12:00_____  _____

1:00 _____  _____

2:00 _____  *notes*:

3:00 _____

4:00 _____

5:00 _____

6:00 _____

7:00 _____

8:00 _____

9:00 _____

10:00_____

11:00 _____

12:00_____

Blank

*day/date*: _____   *exercise*: _____

*water*:   1   2   3   4   5   6   7   8   *sleep*: _____

*to do today*:   *can wait until tomorrow*:

1._____   _____

2._____   _____

3._____   _____

4._____   _____

*blocks of time*:   *expenses/money spent*:

7:00 _____   _____

8:00 _____   _____

9:00 _____   _____

10:00_____   _____

11:00_____   _____

12:00_____   _____

1:00 _____   _____

2:00 _____   *notes*:

3:00 _____

4:00 _____

5:00 _____

6:00 _____

7:00 _____

8:00 _____

9:00 _____

10:00_____

11:00_____

12:00_____

Blank

day/date: _____

water:   1   2   3   4   5   6   7   8

exercise: _____

sleep: _____

to do today:

1. _____

2. _____

3. _____

4. _____

can wait until tomorrow:

_____

_____

_____

_____

blocks of time:

7:00 _____
8:00 _____
9:00 _____
10:00 _____
11:00 _____
12:00 _____
1:00 _____
2:00 _____
3:00 _____
4:00 _____
5:00 _____
6:00 _____
7:00 _____
8:00 _____
9:00 _____
10:00 _____
11:00 _____
12:00 _____

expenses/money spent:

_____

_____

_____

_____

_____

_____

_____

notes:

Blank

*day/date*: _____

*water*: 1  2  3  4  5  6  7  8

*exercise*: _____

*sleep*: _____

*to do today*:

1. _____
2. _____
3. _____
4. _____

*can wait until tomorrow*:

_____

_____

_____

_____

*blocks of time*:

7:00 _____
8:00 _____
9:00 _____
10:00 _____
11:00 _____
12:00 _____
1:00 _____
2:00 _____
3:00 _____
4:00 _____
5:00 _____
6:00 _____
7:00 _____
8:00 _____
9:00 _____
10:00 _____
11:00 _____
12:00 _____

*expenses/money spent*:

_____

_____

_____

_____

_____

_____

_____

*notes*:

Blank

*day/date*: _____   *exercise*: _____
*water*:   1   2   3   4   5   6   7   8   *sleep*: _____

*to do today*:

*can wait until tomorrow*:

1. _____   _____

2. _____   _____

3. _____   _____

4. _____   _____

*blocks of time*:   *expenses/money spent*:

7:00 _____   _____

8:00 _____   _____

9:00 _____   _____

10:00 _____   _____

11:00 _____   _____

12:00 _____   _____

1:00 _____   _____

2:00 _____   *notes*:

3:00 _____

4:00 _____

5:00 _____

6:00 _____

7:00 _____

8:00 _____

9:00 _____

10:00 _____

11:00 _____

12:00 _____

Blank

*day/date*: _____

*water:*  1  2  3  4  5  6  7  8

*exercise:* _____
*sleep:* _____

*to do today:*

1. _____
2. _____
3. _____
4. _____

*can wait until tomorrow:*

_____
_____
_____
_____

*blocks of time:*

7:00 _____
8:00 _____
9:00 _____
10:00 _____
11:00 _____
12:00 _____
1:00 _____
2:00 _____
3:00 _____
4:00 _____
5:00 _____
6:00 _____
7:00 _____
8:00 _____
9:00 _____
10:00 _____
11:00 _____
12:00 _____

*expenses/money spent:*

_____
_____
_____
_____
_____
_____
_____

*notes:*

Blank

*day/date*: _____

*water:*  1  2  3  4  5  6  7  8

*exercise:* _____

*sleep:* _____

*to do today:*

1. _____
2. _____
3. _____
4. _____

*can wait until tomorrow:*

_____

_____

_____

_____

*blocks of time:*

7:00 _____
8:00 _____
9:00 _____
10:00 _____
11:00 _____
12:00 _____
1:00 _____
2:00 _____
3:00 _____
4:00 _____
5:00 _____
6:00 _____
7:00 _____
8:00 _____
9:00 _____
10:00 _____
11:00 _____
12:00 _____

*expenses/money spent:*

_____

_____

_____

_____

_____

_____

_____

*notes:*

Blank

*day/date*: _____   *exercise*: _____
*water*:   1   2   3   4   5   6   7   8      *sleep*: _____

*to do today*:

*can wait until tomorrow*:

1. _____

_____

2. _____

_____

3. _____

_____

4. _____

_____

*blocks of time*:

*expenses/money spent*:

7:00 _____

_____

8:00 _____

_____

9:00 _____

_____

10:00 _____

_____

11:00 _____

_____

12:00 _____

_____

1:00 _____

_____

2:00 _____

*notes:*

3:00 _____

4:00 _____

5:00 _____

6:00 _____

7:00 _____

8:00 _____

9:00 _____

10:00 _____

11:00 _____

12:00 _____

Blank

*day/date*: _____   *exercise*: _____
*water*:   1   2   3   4   5   6   7   8      *sleep*: _____

*to do today:*

1. _____
2. _____
3. _____
4. _____

*can wait until tomorrow:*

_____
_____
_____
_____

*blocks of time:*

7:00 _____
8:00 _____
9:00 _____
10:00 _____
11:00 _____
12:00 _____
1:00 _____
2:00 _____
3:00 _____
4:00 _____
5:00 _____
6:00 _____
7:00 _____
8:00 _____
9:00 _____
10:00 _____
11:00 _____
12:00 _____

*expenses/money spent:*

_____
_____
_____
_____
_____
_____
_____

*notes:*

Blank

*day/date*: _____   *exercise*: _____
*water*:   1   2   3   4   5   6   7   8   *sleep*: _____

*to do today*:   *can wait until tomorrow*:

1. _____   _____

2. _____   _____

3. _____   _____

4. _____   _____

*blocks of time*:   *expenses/money spent*:

7:00 _____   _____
8:00 _____   _____
9:00 _____   _____
10:00 _____   _____
11:00 _____   _____
12:00 _____   _____
1:00 _____   _____
2:00 _____   *notes*:
3:00 _____
4:00 _____
5:00 _____
6:00 _____
7:00 _____
8:00 _____
9:00 _____
10:00 _____
11:00 _____
12:00 _____

Blank

day/date: _____

water: 1  2  3  4  5  6  7  8

exercise: _____

sleep: _____

to do today:

1. _____
2. _____
3. _____
4. _____

can wait until tomorrow:

_____

_____

_____

_____

blocks of time:

7:00 _____
8:00 _____
9:00 _____
10:00 _____
11:00 _____
12:00 _____
1:00 _____
2:00 _____
3:00 _____
4:00 _____
5:00 _____
6:00 _____
7:00 _____
8:00 _____
9:00 _____
10:00 _____
11:00 _____
12:00 _____

expenses/money spent:

_____

_____

_____

_____

_____

_____

_____

notes:

Blank

*day/date*: _____

*water:*    1   2   3   4   5   6   7   8

*exercise:* _____

*sleep:* _____

*to do today:*

1. _____
2. _____
3. _____
4. _____

*can wait until tomorrow:*

_____

_____

_____

_____

*blocks of time:*

7:00 _____
8:00 _____
9:00 _____
10:00 _____
11:00 _____
12:00 _____
1:00 _____
2:00 _____
3:00 _____
4:00 _____
5:00 _____
6:00 _____
7:00 _____
8:00 _____
9:00 _____
10:00 _____
11:00 _____
12:00 _____

*expenses/money spent:*

_____

_____

_____

_____

_____

_____

_____

*notes:*

Blank

*day/date:* _____

*water:*  1  2  3  4  5  6  7  8

*exercise:* _____

*sleep:* _____

*to do today:*

1. _____
2. _____
3. _____
4. _____

*can wait until tomorrow:*

_____
_____
_____
_____

*blocks of time:*

7:00 _____
8:00 _____
9:00 _____
10:00 _____
11:00 _____
12:00 _____
1:00 _____
2:00 _____
3:00 _____
4:00 _____
5:00 _____
6:00 _____
7:00 _____
8:00 _____
9:00 _____
10:00 _____
11:00 _____
12:00 _____

*expenses/money spent:*

_____
_____
_____
_____
_____
_____
_____

*notes:*

Blank

*day/date:* _____

*water:*  1  2  3  4  5  6  7  8

*to do today:*

1._____

2._____

3._____

4._____

*blocks of time:*

7:00 _____
8:00 _____
9:00 _____
10:00 _____
11:00 _____
12:00 _____
1:00 _____
2:00 _____
3:00 _____
4:00 _____
5:00 _____
6:00 _____
7:00 _____
8:00 _____
9:00 _____
10:00 _____
11:00 _____
12:00 _____

*exercise:* _____

*sleep:* _____

*can wait until tomorrow:*

_____

_____

_____

_____

*expenses/money spent:*

_____

_____

_____

_____

_____

_____

_____

*notes:*

Blank

*day/date*: _____  *exercise:* _____

*water:*  1  2  3  4  5  6  7  8  *sleep:* _____

*to do today:*  *can wait until tomorrow:*

1._____  _____

2._____  _____

3._____  _____

4._____  _____

*blocks of time:*  *expenses/money spent:*

7:00 _____  _____

8:00 _____  _____

9:00 _____  _____

10:00_____  _____

11:00 _____  _____

12:00_____  _____

1:00 _____  _____

2:00 _____  *notes:*

3:00 _____

4:00 _____

5:00 _____

6:00 _____

7:00 _____

8:00 _____

9:00 _____

10:00_____

11:00 _____

12:00_____

Blank

*day/date*: _____

*water*:  1  2  3  4  5  6  7  8

*exercise*: _____

*sleep*: _____

*to do today*:

1. _____

2. _____

3. _____

4. _____

*can wait until tomorrow*:

_____

_____

_____

_____

*blocks of time*:

7:00 _____
8:00 _____
9:00 _____
10:00 _____
11:00 _____
12:00 _____
1:00 _____
2:00 _____
3:00 _____
4:00 _____
5:00 _____
6:00 _____
7:00 _____
8:00 _____
9:00 _____
10:00 _____
11:00 _____
12:00 _____

*expenses/money spent*:

_____

_____

_____

_____

_____

_____

_____

*notes*:

Blank

*day/date:* _____

*water:* 1  2  3  4  5  6  7  8

*exercise:* _____

*sleep:* _____

## to do today:

1. _____

2. _____

3. _____

4. _____

## can wait until tomorrow:

_____

_____

_____

_____

## blocks of time:

7:00 _____
8:00 _____
9:00 _____
10:00 _____
11:00 _____
12:00 _____
1:00 _____
2:00 _____
3:00 _____
4:00 _____
5:00 _____
6:00 _____
7:00 _____
8:00 _____
9:00 _____
10:00 _____
11:00 _____
12:00 _____

## expenses/money spent:

_____

_____

_____

_____

_____

_____

_____

## notes:

Blank

*day/date*: _____  *exercise*: _____
*water*:   1   2   3   4   5   6   7   8     *sleep*: _____

*to do today*:

1. _____
2. _____
3. _____
4. _____

*blocks of time*:

7:00 _____
8:00 _____
9:00 _____
10:00 _____
11:00 _____
12:00 _____
1:00 _____
2:00 _____
3:00 _____
4:00 _____
5:00 _____
6:00 _____
7:00 _____
8:00 _____
9:00 _____
10:00 _____
11:00 _____
12:00 _____

*can wait until tomorrow*:

_____
_____
_____
_____

*expenses/money spent*:

_____
_____
_____
_____
_____
_____
_____

*notes*:

Blank

*day/date*: _____  *exercise*: _____
*water*:   1   2   3   4   5   6   7   8      *sleep*: _____

*to do today:*                                *can wait until tomorrow:*

1. _____         _____

2. _____         _____

3. _____         _____

4. _____         _____

*blocks of time:*                             *expenses/money spent:*

7:00 _____         _____

8:00 _____         _____

9:00 _____         _____

10:00 _____         _____

11:00 _____         _____

12:00 _____         _____

1:00 _____         _____

2:00 _____         *notes:*

3:00 _____

4:00 _____

5:00 _____

6:00 _____

7:00 _____

8:00 _____

9:00 _____

10:00 _____

11:00 _____

12:00 _____

Blank

*day/date:* _____

*water:*   1   2   3   4   5   6   7   8

*to do today:*

1. _____

2. _____

3. _____

4. _____

*blocks of time:*

7:00 _____

8:00 _____

9:00 _____

10:00 _____

11:00 _____

12:00 _____

1:00 _____

2:00 _____

3:00 _____

4:00 _____

5:00 _____

6:00 _____

7:00 _____

8:00 _____

9:00 _____

10:00 _____

11:00 _____

12:00 _____

*exercise:* _____

*sleep:* _____

*can wait until tomorrow:*

_____

_____

_____

_____

*expenses/money spent:*

_____

_____

_____

_____

_____

_____

_____

*notes:*

Blank

day/date: _____

water:  1  2  3  4  5  6  7  8

exercise: _____
sleep: _____

to do today:

1._____

2._____

3._____

4._____

can wait until tomorrow:

_____

_____

_____

_____

blocks of time:

7:00 _____
8:00 _____
9:00 _____
10:00_____
11:00 _____
12:00_____
1:00 _____
2:00 _____
3:00 _____
4:00 _____
5:00 _____
6:00 _____
7:00 _____
8:00 _____
9:00 _____
10:00_____
11:00 _____
12:00_____

expenses/money spent:

_____
_____
_____
_____
_____
_____
_____

notes:

Blank

*day/date*: _____  *exercise*: _____
*water*:  1  2  3  4  5  6  7  8      *sleep*: _____

*to do today*:

1._____

2._____

3._____

4._____

*blocks of time*:

7:00 _____

8:00 _____

9:00 _____

10:00 _____

11:00 _____

12:00 _____

1:00 _____

2:00 _____

3:00 _____

4:00 _____

5:00 _____

6:00 _____

7:00 _____

8:00 _____

9:00 _____

10:00 _____

11:00 _____

12:00 _____

*can wait until tomorrow*:

_____

_____

_____

_____

*expenses/money spent*:

_____

_____

_____

_____

_____

_____

_____

*notes*:

Blank

*day/date*: _____

*water:*  1   2   3   4   5   6   7   8

*exercise:* _____
*sleep:* _____

*to do today:*

1._____

2._____

3._____

4._____

*can wait until tomorrow:*

_____

_____

_____

_____

*blocks of time:*

7:00 _____
8:00 _____
9:00 _____
10:00_____
11:00 _____
12:00_____
1:00 _____
2:00 _____
3:00 _____
4:00 _____
5:00 _____
6:00 _____
7:00 _____
8:00 _____
9:00 _____
10:00_____
11:00 _____
12:00_____

*expenses/money spent:*

_____
_____
_____
_____
_____
_____
_____

*notes:*

Blank

*day/date*: _____

*water*:   1   2   3   4   5   6   7   8

*exercise*: _____

*sleep*: _____

*to do today*:

1._____

2._____

3._____

4._____

*can wait until tomorrow*:

_____

_____

_____

_____

*blocks of time*:

7:00 _____
8:00 _____
9:00 _____
10:00 _____
11:00 _____
12:00 _____
1:00 _____
2:00 _____
3:00 _____
4:00 _____
5:00 _____
6:00 _____
7:00 _____
8:00 _____
9:00 _____
10:00 _____
11:00 _____
12:00 _____

*expenses/money spent*:

_____

_____

_____

_____

_____

_____

_____

*notes*:

Blank

*day/date:* _____     *exercise:* _____

*water:*   1   2   3   4   5   6   7   8     *sleep:* _____

*to do today:*

1. _____

2. _____

3. _____

4. _____

*can wait until tomorrow:*

_____

_____

_____

_____

*blocks of time:*

7:00 _____
8:00 _____
9:00 _____
10:00 _____
11:00 _____
12:00 _____
1:00 _____
2:00 _____
3:00 _____
4:00 _____
5:00 _____
6:00 _____
7:00 _____
8:00 _____
9:00 _____
10:00 _____
11:00 _____
12:00 _____

*expenses/money spent:*

_____

_____

_____

_____

_____

_____

_____

*notes:*

Blank

*day/date:* _____

*water:* 1  2  3  4  5  6  7  8

*exercise:* _____

*sleep:* _____

*to do today:*

1. _____
2. _____
3. _____
4. _____

*can wait until tomorrow:*

_____
_____
_____
_____

*blocks of time:*

7:00 _____
8:00 _____
9:00 _____
10:00 _____
11:00 _____
12:00 _____
1:00 _____
2:00 _____
3:00 _____
4:00 _____
5:00 _____
6:00 _____
7:00 _____
8:00 _____
9:00 _____
10:00 _____
11:00 _____
12:00 _____

*expenses/money spent:*

_____
_____
_____
_____
_____
_____
_____

*notes:*
_____

Blank

*day/date*: _____     *exercise*: _____
*water*:   1   2   3   4   5   6   7   8     *sleep*: _____

*to do today*:

*can wait until tomorrow*:

1. _____

   _____

2. _____

   _____

3. _____

   _____

4. _____

   _____

*blocks of time*:

*expenses/money spent*:

7:00 _____

8:00 _____     _____

9:00 _____     _____

10:00 _____     _____

11:00 _____     _____

12:00 _____     _____

1:00 _____     _____

2:00 _____     _____

3:00 _____     *notes*:

4:00 _____

5:00 _____

6:00 _____

7:00 _____

8:00 _____

9:00 _____

10:00 _____

11:00 _____

12:00 _____

Blank

www.ingramcontent.com/pod-product-compliance
Lightning Source LLC
Chambersburg PA
CBHW082105280426
43661CB00089B/871